La Technique

des

Décors Lumineux

exposée par leur Inventeur

Eugène FREY

Artiste Peintre

LA TECHNIQUE DES DÉCORS LUMINEUX
-:-:-:-:-:-:-:-:-

Causerie faite par leur inventeur   Eugène FREY, artiste
peintre, le 20 février 1925, à l'Amphithéâtre de l'Académie
Royale des Beaux Arts de Liège, sous les auspices du Comité de
l'Association Royale des Anciens Elèves de l'Académie et de
Monsieur Victor Ruiteur son Président.

----ooOoOoo----

Mesdames, Messieurs,

Ce n'est pas une conférence que je vais avoir l'honneur
de vous faire; je ne suis point conférencier tant s'en faut,
c'est plutôt une causerie, au cours de laquelle je m'efforcerai
d'expliquer avec le plus de clarté possible la technique des
Décors Lumineux.

J'entre immédiatement dans le vif du sujet et réponds
d'avance à la question qui pourrait m'être posée à priori:

En quoi consistent les Décors Lumineux ?

Les Décors Lumineux sont de véritables tableaux peints
sur verre, exécutés de ma main et projetés <u>par transparence</u> à
l'aide de puissants appareils sur un écran blanc. <u>Ce dernier
reste seul dans une zône obscure</u>, tandis que la scène est
éclairée par les procédés ordinaires modifiés dans leur emploi
ou pour mieux dire dans leur position.

Pour résoudre le problème il fallait:

I°. Projeter en même temps des tableaux provenant de foyers
différents et se superposant, chacun possédant une coloration
et un effet approprié, représentant un état ou phase du décor.

2°. Projeter le décor par transparence sur une toile de
fond ou écran blanc, la scène et au besoin la salle restant
éclairées.

La réalisation tient dans la formule suivante:

Projeter du plus clair dans du plus foncé et trouver le

Projeter du plus clair dans du plus foncé et trouver
le moyen de tenir l'écran dans l'obscurité malgré l'éclairage
de la scène.

Voici pour la partie technique:

D'après le sujet fourni par le livret de l'ouvrage à
monter, je compose mes décors et leurs transformations en maquettes du rideau du fond d'une grandeur proportionnée au format de la plaque photographique 9x12 soit 30 cm sur 40 en
moyenne.

Ces maquettes sont exécutées à la gouache en blanc et
noir avec la plus grande précision possible, en tant que dessin
d'abord, et peinture ensuite. Puis ces maquettes, minutieuse-
ment finies, sont reproduites par la photographie à autant d'exemplaires qu'il y aura d'effets ou de changements à produire.

Finalement, et c'est là le travail le plus délicat, il
s'agit de peindre ces petits tableaux avec le plus grand soin
et le plus de finesse possible car ils auront à supporter un
grossissement pouvant varier de 10.000 à 16.000 fois comme à
l'Opéra de Paris.

Il faut que ces reproductions photographiques soient
d'une absolue transparence, afin d'éviter le plus possible
l'absorption de la lumière et la formation sur l'écran du ton
photographique si désagréable. En résumé le rôle de la photographie doit se borner à obtenir plusieurs exemplaires d'un
tableaux mathématiquement de même grandeur sans quoi avec le
formidable grossissement qu'ils subissent, la coïncidence serait
impossible sans le secours de la photographie. C'est pourquoi
à mes débuts j'eu énormément de mal à prendre plusieurs exem-

plaires d'un paysage sous différents aspects, car il fallait
conserver autant que possible la forme exacte du contour des
objets; afin que tous ces tableaux puissent se superposer à
tour de rôle pour composer un décor unique et vivant.

Egalement à mes débuts il me fallut une intensité lumineuse de 60 ampères par arc pour couvrir une surface de 30
mètres carrés, aujourd'hui, j'ai pu augmenter la transparence
des plaques au point de couvrir I08 mètres carrés avec seulement 40 ampères. Les plaques que j'ai toujours employées depuis
que j'ai recours à la photographie pour la reproduction mathé-
matique de mes tableaux, sont des plaques au lactate d'argent.
Je vous étonnerai peut être un peu en vous disant qu'un photo-
graphe professionnel réussit très mal en général des plaques
destinées aux décors lumineux car pour obtenir un bon résultat
il faut sensiblement s'écarter des manipulations habituelles.
Certains tours de mains sont indispensables.

Nous allons maintenant examiner l'installation propre-
ment dite.

Pour l'éclairage de la scène qui doit, suivre exactement comme intensité et couleurs les évolutions du décor lumineux, nous verrons, tout à l'heure pourquoi, on utilise les
appareils existants herses, portants, tramées, servantes, ram-
pes et projecteurs en ayant simplement soin de les disposer
d'une manière spéciale, c'est-à-dire, de façon à ce que les ra-
yons émis soient tangents au rideau de fond sur lequel je pro-
jette.

Nous allons examiner en détail l'installation placée

à l'arrière scène pour obtenir "les Décors Lumineux".

L'installation comporte avant tout un praticable, échafaudage qui supporte appareils et personnel. Ce praticable devrait être d'une rigidité absolue car les moindres trépidations se transmettent aux appareils et par conséquent arrivent amplifiées, environ une centaine de fois, sur l'écran; donc un mouvement de I millimètre représente dix centimètres de déplacement dans l'image projetée. En principe pour que l'installation soit parfaite il faudrait que les appareils soient fixés sur des socles en maçonnerie, isolés du plancher sur lequel on marche. On ne peut espérer une installation semblable que dans un théâtre qui lors de sa construction aurait prévu l'emploi des décors lumineux d'une façon définitive.

Pour réaliser les Décors Lumineux, un certain nombre d'appareils sont indispensables. Ils sont placés derrière la toile de fond à une distance déterminée par les dimensions des images sur l'écran, généralement dans le rapport de IO à I2, c'est-à-dire que si l'objectif est à IO mètres de l'écran l'image aura I2 mètres de large et 9 mètres de haut puisque les plaques projetées sont du format 9xI2. Dans ce cas le grossissement est de IO.000 en surface, c'est le meilleur. Les objectifs, à court foyer, suffisent, mais si la distance entre le projecteur et le rideau est plus réduite, il faut alors recourir à une combinaison optique spéciale à très grand angle, en ce cas la coïncidence devient plus difficile à cause de l'augmentation de l'angle de la parallaxe.

Les projecteurs, au nombre de 9, IO et même I2 sont

placés à une hauteur telle qu'ils se trouvent, autant que possible, à la hauteur du centre du rideau transparent. Leur groupe est complété par un coffre contenant les résistances électriques et le tableau de distribution qui sera alimenté par la canalisation principale. On utilise du courant continu à IIO volts ou 220 volts à trois fils(IIO volts sur chaque pont)

Le tableau comporte un jeu de coupe-circuits interrupteurs, afin d'obtenir dans chaque circuit un ampérage pouvant varier de IO ampères à 60, par fraction de IO ampères ce qui permet des changements d'intensité lumineuse suivant les exigeances des effets de décor.

Il est d'ailleurs nécessaire de disposer d'une intensité lumineuse assez puissante pour lutter contre la lumière diffuse réfléchie par la scène sur l'écran, et aussi pour c combattre l'opacité relative de la toile puisque le décor est vu par transparence.

Ces projecteurs ont été étudiés et construits par mes soins; ils comportent un système de décentrement des appareils et des objectifs qui permet de réaliser la coïncidence des vues sur l'écran.

La lampe a arc, à charbons obliques ; ou un horizontal et l'autre oblique, pour permettre au cratère de projeter toute son intensité lumineuse dans la direction du condensateur, est enfermée dans une caisse en tôle qui porte, à l'avant le barillet du condensateur; devant ce barillet une glissière horizontale ou chassis reçoit les vues à projeter, montée dans des coulisses règlables, puis en avant encore, se trouve l'objectif. Enfin

devant celui-ci, un châssis à quatre rainures verticales reçoit les cadres renfermant des verres colorés; la rainure la
plus rapprochée de l'objectif est celle de l'obturateur consti-
tué par deux plaques métalliques disposées verticalement l'une
au-dessus de l'autre; leurs bords opposés sont taillés en
forme de peigne de sorte que leur rapprochement ou leur éloi-
gnement assure une bonne diffusion de la lumière au moment de
l'ouverture ou de la fermeture de l'obturateur.

Supposons qu'il s'agisse de représenter le dernier
acte de la Walkyrie avec la chevauchée. Nous aurons d'abord
deux groupes de trois projecteurs superposés.

Ces projecteurs reçoivent les positifs dont nous avons
parlé pour reproduire les décors à transformation. Les vues sont
placées de la manière suivante: dans l'un des projecteurs du
premier groupe on introduit la plaque du décor fixe, et dans les
deux autres les vues de nuées orageuses rendues mobiles par
un mécanisme spécial qui oblige ces nuages à se déplacer avec
leurs châssis. Le second groupe de trois projecteurs superposés pour projeter, toujours en les déplaçant, un nuage de feu,
par exemple, des éclairs puis la foudre tombant sur le sol.
Voilà pour le décor.

Quatre autres projecteurs indépendants réalisent les projections animées obtenues d'une manière très différente des
procédés cinématographiques. Un disque en verre est divisé en
quinze secteurs portant chacun, à la périphérie, une vue d'un
être animé (personnage ou animal). Si nous supposons, par exemple, qu'un temps de galop d'un cheval soit décomposé en 15
mouvements, chacun de ces 15 mouvements figurera sur chacun

des I5 secteurs du disque; une révolution de ce disque per-
mettra donc de reconstituer le galop et une suite de révolutions
réalisera l'apparition d'un cheval courant au galop. Comme au
cinématographe ces mouvements se recomposent les uns à la suite
des autres, grâce à la persistance de l'impression sur la rétine
la rotation du disque étant de un tour par seconde.

Si l'on se contentait de faire tourner le disque sur
un projecteur immobile, on n'obtiendrait que le galop sur
place. Pour faire parcourir toute la largeur du décor au sujet
animé, on installe le projecteur sur un plateau tournant; le
repérage rigoureux ayant été effectué, on commence la projection dans la coulisse et elle se poursuit sur toute l'étendue
de la toile, exactement sur la réplique musicale aussi bien
pour l'entrée que pour la sortie.

Dans la représentation de la Walkyrie on utilise, ainsi
qu'il est dit plus haut, quatre de ces projecteurs indépendants
Le premier projecteur fait d'abord passer une Walkyrie à cheval;
le deuxième un groupe de deux Walkyries après la première; le
troisième Brunehilde portant Sieglinde sur l'encolure de son
cheval et enfin le quatrième projecteur montre l'escadron entier des huit Walkyries qui traverse le ciel dans un galop
effréné.

Au moment de l'Incantation du feu, à la fin de l'acte,
le ciel devient rouge et des flammes s'élèvent de toutes parts
sur la scène et sur le rideau de fond où elles sont obtenues
par projection. Ce sont des plaques positives représentant les
flammes en mouvement qui ont remplacé la foudre et les éclairs
dans les appareils des deux groupes de trois projecteurs.

Pour donner une idée de l'importance des décors de la Walkyrie et qui fera en même temps ressortir le côté pratique des décors lumineux ajoutons qu'une représentation avec des décors ordinaires est extrêmement compliquée. Il faut installer des montagnes russes sur des charpentes en fer et y faire courir des chevaux de carton sur lesquels montent des déesses.

Ce praticable avait couté lors de sa construction à l'Opéra de Paris, à la création de la Walkyrie (en mai 1893) d'après les dires de son directeur - une somme énorme pour l'époque.

Parmi les différents effets qu'on obtient à l'aide des projections il avait été jusqu'ici impossible de faire apparaître, sur la scène, le disque visible du soleil avec une intensité suffisante, on y avait donc renoncé. Le procédé qui m'a permis cette réalisation tient dans la formule suivante: concentrer l'intensité lumineuse de 40 ou 50 ampères, utilisée habituellement pour projeter un décor lumineux qui couvre une surface de 108 mètres carrés, sur une surface d'environ 6 décimètres carrés. Il est clair que si le disque du soleil projeté par un appareil spécial est 1.800 fois plus lumineux que le décor, il deviendra nettement aveuglant.

Le résultat est obtenu à l'aide des projections ordinaires; mais le positif qui représente le soleil, inséré comme les autres entre le condensateur et l'objectif, n'est pas établi à l'échelle du décor projeté par un autre appareil, mais à une échelle plus grande; de plus l'objectif est à foyer excessivement long, en l'espèce de 75 à 80 centimètres selon la distance de l'appareil à l'écran, afin d'obtenir un très faible grossissement.

On comprend facilement, que dans ces conditions la presque totalité lumineuse de l'arc se trouve utilisée sur cette petite surface.

Voici maintenant un aperçu des manipulations diverses concernant les appareils et la projection des décors lumineux.

Mais à quoi bon tant de projecteurs? dira - t-on. Je répondrai: Pour la raison qu'un décor lumineux est une chose complexe, généralement formée de plusieurs images superposées, les unes fixes, les autres mobiles et en perpétuelle transformation. Chacun des appareils assume dans cette collaboration un rôle spécial.

L'image fixe, le fond ou site,- plein air, forêt, comme dans le Ballet des Saisons; panorama d'eaux vives et de palais, comme dans les Contes d'Hoffmann - est rarement présentée à l'état isolé; c'est plutôt un thème sur lequel viennent jouer les plus infinies variations.

C'est une véritable partition optique, qui doit être l'exact reflet synchronique de la partition musicale, surtout llorsqu'il s'agit d'un opéra ou d'un opéra-comique, - un ballet offrant beaucoup plus de latitude.

Ces variations s'effectuent de la façon suivante.

Imaginons toute la batterie des projecteurs dirigée sur l'écran, après un soigneux et préalable repérage. Un seul de ces appareils est ouvert: il donne le site.

S'agit-il de changer brusquement ce dernier? Un coup

de déclic, l'objectif se ferme, un autre s'ouvre: une nouvelle
image apparaît. C'est le changement à vue instantané.

Veut-on, au contraire, ménager la transition? Il suffit
de fermer l'une des lanternes et d'ouvrir l'autre, peu à peu,
avec une lenteur calculée. L'une des images s'évanouit, la
nouvelle augmente de netteté; entre temps, elles se mêlent en
un vague fantastique et troublant.

Nous en avons un exemple dans Faust de Gounod à l'acte
de la prison lorsque les murs ont l'air de s'évanouir pour
laisser apparaître la rue, le jardin fleuri puis les régions
azurées du ciel avec les anges.

D'autres fois encore, le site primitif subsiste, mais
certaines de ses caractéristiques se transforment: c'est un
ciel jusque-là serein qui se couvre de nuages; c'est la verdure
qui remplace le givre aux rameaux d'une forêt.

Un principe unique régit tous ces divers effets, et
tant d'autres que nous ne pouvons décrire: l'ouverture ou
l'obturation, instantanée ou progressive, d'une ou de plusieurs lanternes, apportant ou retranchant à l'ensemble une
partie déterminée, combinés avec l'interposition d'écran,
colorés pouvant se déplacer à volonté.

Il n'est pas rare enfin qu'à ces fantasmagories par
addition ou par évanouissement viennent s'adjoindre de vrais
mouvements, lents ou rapides, subits ou répétés. Ceux-ci sont
produits, comme nous l'avons dit, par les projecteurs munis de
moteurs ou d'un système fonctionnant à la main suivant le cas.

C'est la lune qui monte dans le ciel; c'est la neige

qui tombe, l'eau qui clapote, la foudre qui tombe. C'est comme dans la Damnation, les chevaux fantastiques qui galopent, tardis que de chaotiques rochers, par un mouvement inverse, courent eux aussi, à l'abîme. Et puis, des spectres qui apparaissent, des flammes et de la fumée qui surgissent des profondeurs, des vols d'anges qui planent, montent et descendent.

La description des multiples appareils que l'on insère dans les projecteurs pour réaliser le mouvement de l'eau plus ou moins agitée, les reflets mouvants, les nuages qui se déplacent, la lune qui se lève, les flammes, les fumées, la neige qui tombe, etc., exigerait une étude qui dépasserait le cadre de cette causerie.

On se rend compte d'après ce qui précède que dans les décors lumineux rien n'est inerte, tout est variation et mouvement: coloris, luminosité, formes même. Tout se matémorphose, tantôt instantanément, dans les "changements à vue", si faciles désormais, - tantôt peu à peu, par transitions insensibles s'établissant sur un fond immuable. Telle, la verdure du printemps, venant de jour en jour orner les mêmes rameaux où brillait le givre de l'hiver.

Par cette description bien imparfaite, on voit les infinies ressources de beauté imaginative offertes, grâce à ces méthodes, au musicien et au dramaturge, ainsi qu'au décorateur chargé de les interpréter pour le plaisir de l'esprit et des yeux.

Le décor multiplie ici la richesse scénique. Il devient, pour ainsi dire, acteur lui-même, ou plutôt chaque variation optique est un personnage nouveau qui vient jouer son rôle muet, mais suggestif, et renforcer l'émotion dramatique.

Je suis persuadé qu'après avoir écouté avec autant de bienveillante attention ces explications, mon aimable auditoire et surtout les artistes peintres mes honorables confrères se rendront compte des difficultés de présentation des décors lumineux au point de vue de l'effet purement artistique - On manoeuvre constamment sur une pointe d'aiguille et on est à la merci, non seulement, d'un matériel de théâtre imparfait mais aussi et surtout du personnel qui s'en sert. Je m'explique: - Les critiques sur des fautes dont je suis l'auteur responsable devraient se résumer à celle-ci - Un décor pourrait être mal dessiné, avoir une perspective défectueuse, être mal peint, ne pas rendre la pensée de l'auteur du livret. De ceci il va sans dire, je suis seul responsable et je suis forcé de m'incliner devant une critique justifiée - Mais je ne puis être rendu responsable des faits suivants: -

I°.- Le théâtre ne possède pas le matériel nécessaire pour faire un effet d'éclairage adéquat à mes décors comme intensité et comme tons -

2°.- Si le personnel du service électrique commet des fautes, telles qu'éclairage mal dirigé, couleurs autres que celles désignées, arrivant trop tôt ou trop tard ou trop rapidement, ou trop lentement.

Chacune de ces erreurs suffit à détruire complétement l'ambiance et d'un décor lumineux en tous points réussi , en faire un décor banal sinon foncièrement laid. Un petit

exemple vous fera mieux comprendre: Le décor lumineux en
tant que toile de fond d'une part, la scène avec son éclairage d'autre part, représentent chacun les plateaux d'une
balance. Il faut que l'équilibre soit parfait sans quoi il
y a discordance - Lorsque l'éclairage est bien réglé sur
la scène, il ne doit pas y avoir de solution de continuité
entre les plans de décoration réelle et le fond lumineux -
malheureusement c'est très difficile à obtenir pour les rai-
sons que j'ai données plus haut - D'ailleurs je suis persuadé
que parmi le personnel du théâtre auquel incombe la tâche de
collaborer à la bonne présentation de mes décors par un savant
éclairage de la scène, personne ne se rend compte de l'importance de son propre rôle, et dans son fort intérieur, je suis
convaincu que chacun m'envoie aux cinq cents diables, car en
ma qualité de novateur, j'apporte une perturbation aux douces
habitudes d'une routine des plus invétérées.

Il faudrait que le personnel chargé de l'éclairage de
la scène apportât les mêmes soins dans l'exécution de son
travail que ceux que j'apporte, autant que possible, moi-
même dans la projection de mes décors.

Afin de vous permettre de mieux vous rendre compte des
éléments composant un décor lumineux je vais en disséquer un,
si j'ose m'exprimer ainsi, c'est-à-dire on va passer dans une
unique lanterne à projection les différents effets qui superposés par la projection simultanée de plusieurs appareils for-
ment un tout au théâtre.

- PROJECTION AVEC EXPLICATION -

Il serait oiseux de citer tous les ouvrages dans lesquels ont déjà figuré les Décors Lumineux; en comptant les opéras, opéras-comiques et ballets nous arriverions à un total dépassant la centaine.

Quant aux théâtres, l'Opéra de Paris, celui de Londres, la Scala de Milan, la Monnaie de Bruxelles, L'Opéra de Monte-Carlo, le San Carlos de Lisbonne, tous les grands théâtres de France ont eu recours en maintes occasions à mon procédé et ainsi qu'on a pu le constater ici par le succès des Décors Lumineux au théâtre Royal de Liège, les Directions y ont toujours trouvé un avantage marquant à tous les points de vue.

Il nous est maintenant aisé de rassembler, et de faire ressortir en quelques mots, les avantages du procédé qui a fait l'objet de notre étude: effets inconnus jusqu'à présent dans la technique théâtrale, célérité des transformations, adaptation parfaite avec les autres éléments de l'oeuvre En outre, - ce qui n'est nullement à dédaigner, - ces décors et leurs appareils optiques et mécaniques réalisent le minimum d'encombrement, permettent une installation rapide en quelque endroit que ce soit. Appliqués de façon générale et constante, ils constituent le procédé le plus économique. Au rebours des décors peints sur toile, ils sont toujours éclatants, "lumineux" et frais, n'ayant à craindre ni poussières, ni souillures, ni cassures. Enfin, ils diminuent considérablement les risques d'incendie.

Pour les personnes que la technique des Décors Lumi-

neux intéresserait plus particulièrement je me permettrai
de leur indiquer un ouvrage qui sera publié prochainement par
la librairie Hachette, et qui fera partie de la Bibliothèque
des merveilles.

L'ouvrage s'intitulera "La Lumière artificielle",
il a été rédigé par le savant vulgarisateur scientifique,
Lucien Fournier. Un chapitre entier avec reproductions photographiques et dessins est consacré aux Décors Lumineux.

J'ai terminé cette longue causerie; il ne me reste
plus qu'à remercier bien sincèrement mon aimable auditoire de
l'attention bienveillante qu'il a bien voulu me témoigner,et
dont je lui suis particulièrement reconnaissant.

Liège 20 février 1925

Eugène FREY
6, rue Aumont-Thiéville, Paris (XVII)

www.ingramcontent.com/pod-product-compliance
Lightning Source LLC
LaVergne TN
LVHW021106050726
842519LV00005B/1855